7
16713

ÉLOGE

DE

M. PROST DE ROYER.

ÉLOGE

DE

M. PROST DE ROYER,

Ancien Echevin & Lieutenant général de Police de la Ville de Lyon, &c.

PRONONCÉ à l'ouverture des Audiences de la Sénéchaussée de Lyon,

Le 30 Novembre 1784.

Par M. BAROU DU SOLEIL,

Procureur général honoraire de la Cour des Monnoies de Lyon, Procureur du Roi en la Sénéchaussée, de l'Académie des Sciences, Belles-Lettres & Arts de Lyon, &c.

1785.

Si je cede aux instances pressantes & réitérées des parens, des amis & des admirateurs de feu M. Prost de Royer, *en faisant imprimer son Eloge, je ne me fais point illusion sur les défauts, qui n'échapperont sûrement pas quand cet enthousiasme, qui de l'orateur passe à l'assemblée qui l'écoute, sera nécessairement éteint par le froid de la lecture. Je ne dois sans doute les applaudissemens dont le public a honoré ce Discours, qu'au sentiment précieux qu'il conserve à la mémoire d'un citoyen si digne de ses regrets. Je sais que la critique, volontiers indulgente pour les succès du moment, peut être réveillée par l'impression de mon foible Ouvrage, & que j'ai tout à redouter, je ne dis pas de sa sévérité, mais de sa justice même. Un seul motif m'entraîne*

& me décide. On s'obſtine à penſer que je dois immoler mon amour-propre aux mânes de mon ami : s'il étoit un plus grand ſacrifice à leur faire, je n'héſiterois pas.

ÉLOGE

DE M. PROST DE ROYER,

PRONONCÉ à l'ouverture des Audiences de la Sénéchaussée de Lyon, le 30 Novembre 1784.

LES honneurs rendus à la mémoire des hommes qui ont bien mérité de la patrie développent, animent, enflamment le génie de ceux qui sont nés pour les remplacer. Monarques, héros, magistrats, orateurs, savans illustres, tous furent, dans tous les siecles, empressés & jaloux de voir leurs noms consacrés à la postérité par des hommages publics. « Oh! Athé-» niens! s'écrioit Alexandre, qu'il en coûte » pour être estimé de vous! » Cet aveu du plus fameux des conquérans, donne le ſecret des grands efforts & des grands ſacrifices impoſés par l'amour de la gloire. Les ames ardentes, généreuſes & ſenſibles éprouvent ſeules cette noble ambition ; la morale & la politique ſe réuniſſent pour l'inſpirer & la perpétuer : elle eſt le germe fécond des talens & des vertus du citoyen : elle ſeule dirigea la marche, les vues & les travaux de l'orateur, du juriſconſulte, du magiſtrat, que l'éloquence, la philoſophie & les lettres pleurent également, M. PROST DE ROYER.

La ſolemnité du jour, la majeſté du lieu, ce barreau qui pendant trente-quatre ans fut le théatre de ſa gloire, l'heureux aſſemblage des qualités brillantes qui firent ſa célébrité, tout m'a paru devoir fixer le choix de mon ſujet, ſur ſon éloge : j'ai cru ne pouvoir conſacrer plus dignement l'époque où la juſtice rouvre les portes de ſon temple, qu'en y déplorant avec elle la perte d'un homme tout entier à ſon culte, dont l'exemple & les écrits honorent ſes annales, & feront long-temps la leçon de ceux qui ſe dévouent à préparer ou à rendre ſes oracles.

On me reprochera peut-être de m'écarter d'une inſtitution qui, me donnant le droit honorable de vous retracer le tableau de nos devoirs, ſemble me défendre de l'employer à vous peindre les traits d'une vie particuliere. N'ai-je point à craindre encore qu'on ne m'accuſe de ſacrifier à l'amitié un miniſtere plus dévoué à la cenſure qu'à l'éloge?

Mais le magiſtrat chargé des fonctions pénibles du miniſtere public, ſera-t-il donc éternellement condamné à rechercher & à pourſuivre des crimes, à convaincre des coupables, & à ne les rendre à la clarté du jour, que pour les livrer à l'horreur des ſupplices? Ne pourra-t-il jamais détourner ſes regards de ces images déchirantes, & lui refuſera-t-on le droit conſolant de déférer également à votre juſtice, des vertus à honorer, des talens à célébrer, & des malheurs à réparer?

Comme un voyageur, après avoir gravi des rocs eſcarpés, traverſé des torrens impétueux, ou des plaines brûlantes, ſe retrouve avec transport dans une vallée riante & fraîche, mon cœur vient en ce moment ſe dédommager des ſacrifices qu'il fait chaque jour aux devoirs rigoureux de ma place. Il se délasse, en esquissant les traits de l'homme vertueux & bienfaisant, de la peine qu'il éprouve en vous dénonçant l'homme méchant & coupable.

Si l'envie, la haine, la jalousie (que la mort n'éteint pas toujours), ou cette froide indifférence, souvent plus désespérante encore, osoient enfin me faire un crime de choisir ce sanctuaire, pour honorer la mémoire de mon ami, j'invoquerois, pour ma justification, les témoignages multipliés de l'estime & de la considération que tous les gens de bien accorderent à M. de Royer pendant sa vie, les larmes que le peuple a versées sur sa tombe, & les monumens qui nous restent de son génie.

Puissent la richesse & l'intérêt du sujet soutenir mes foibles pinceaux, en vous présentant M. de Royer dans les trois grandes époques de sa vie! son entrée au barreau, & son service dans les administrations; l'exercice de cette magistrature si importante, si distinguée & si nécessaire dans la capitale, & qui peut être d'une si grande utilité dans la seconde ville du royaume, la police; ſes travaux enfin dans la compoſition du plus grand monument que la philoſophie ait élevé à la juriſprudence, & dont le plan & les cinq premiers volumes ſuffiront toujours à la gloire de leur auteur, quelle que ſoit la deſtinée de l'ouvrage (*).

Dans un âge où les circonſtances déterminent preſque toujours le choix d'un état, M. de Royer fut naturellement porté dans la carriere du barreau (**). Son pere, avocat laborieux & profond, honoré de la confiance des grandes adminiſtrations, des perſonnes & des corps les plus diſtingués de cette ville, dirigea les études & les goûts de ſon fils vers une profeſſion dont la nobleſſe, le déſintéreſſement & l'indépendance s'accordoient ſi parfaitement avec la hauteur de ſon ame, & la grandeur de ſes idées. Aux ſages leçons de la longue expérience

(*) L'Ouvrage ſe continue; & le nom de M. Riolz, avocat diſtingué par ſes vaſtes connoiſſances, répond du choix de ſes coopérateurs, & du ſuccès de l'entrepriſe.

(**) Il naquit le 5 Septembre 1729, & fut admis au ferment d'avocat en 1748.

du pere, aux vrais principes du droit puisés dans ses consultations, & dans ses conférences encore célebres au barreau; le fils joignit l'étude de l'histoire & des belles-lettres, déja bien convaincu que leur réunion est nécessaire pour perfectionner les talens de l'orateur, & l'élever au rang des vrais jurisconsultes. Il savoit aussi combien l'étude des grands modeles importe au développement des dons de la nature: une seule esquisse de Michel-Ange donna l'essor au génie de Raphaël, & sans la maniere large, vigoureuse, énergique des crayons du statuaire, le peintre n'eût peut-être jamais enrichi les arts du chef-d'œuvre sublime de la transfiguration.

Où est le jeune homme qui, né dans la province, entraîné par l'amour des lettres, ne s'enflamme au récit des succès brillans que la capitale seule procure. Bouillant d'impatience, il brûle du desir de s'y voir transporté; son ame pleine de feu, s'électrise encore à celle des hommes dont les ouvrages émeuvent sa sensibilité; son imagination exaltée voit des dieux dans tous les auteurs célebres, & trompé par ſon enthouſiaſme qu'il prend pour l'impulſion du génie, il lit déja ſon nom parmi les noms fameux que l'admiration publique a proclamés.

La même illuſion ſéduit l'orateur, le poëte & l'artiſte, ou plutôt tous ceux qui ſe croient appellés à ces titres honorables. La ſenſibilité, principe de cette noble ambition, mérite ſans doute nos éloges : mais trop ſouvent elle enleve les jeunes gens à des profeſſions obſcures, mais utiles, & une triſte expérience, en les éclairant trop tard, leur fait cruellement expier ces premiers élans de l'amour-propre.

M. de Royer, plus ſage & non moins avide de gloire, ſe hâta d'aller à Paris étudier de près les Cochin, les le Normant, les Aubry, dont les grands talens avoient fixé les principes de la véritable éloquence du barreau. Il put encore entendre ces avocats fameux, & juger de l'aſcendant de leur génie ſur leur ſiecle, & de l'intervalle immenſe qui les ſéparoit des Patru & des le Maître. Les efforts que ceux-ci avoient faits, au milieu du regne de Louis XIV, pour introduire dans la plaidoierie, la méthode, la clarté, l'exactitude & la correction du ſtyle, prévalurent quelque temps ſur le mauvais goût des avocats des quinzieme & ſeizieme ſiecles: mais comme le temps & la patience ſuffiſent ſeuls pour former des érudits, & qu'il eſt plus aiſé de citer que de créer, on retomba bientôt dans cette ſavante mais rebutante affectation, que l'exemple & les ſuccès de Patru auroient dû réformer.

Un mêlange monſtrueux de paſſages Grecs & Latins, pris indifféremment dans les poëtes, les hiſtoriens, les peres de l'égliſe, détournoit ſans ceſſe l'attention des juges & du public, des véritables moyens de la cauſe, & l'avocat ſe montroit bien plus jaloux d'étaler ſon érudition, que de défendre les intérêts de ſon client; il ſembloit être honteux de parler ſa langue; il auroit cru déroger à la dignité de docteur, en ſe faiſant entendre de la multitude.

Corneille & Racine avoient illuſtré la ſcene; Bourdaloue, Boſſuet & Fénelon avoient anobli, épuré le ſtyle de la chaire: le barreau ſeul étoit encore, de leur temps, dans la barbarie, & cette branche de l'éloquence n'a vraiment fleuri que ſous Louis XV.

Si dans le premier ſénat du royaume, ce ne fut qu'au commencement du ſiecle, qu'on vit des juriſconſultes ambitionner & mériter le titre d'orateurs, ſi ce n'eſt qu'aux d'Agueſſeau, aux Terraſſon, & ſurtout à Cochin, qu'on doit, au barreau, la renaiſſance du bon goût dans l'art oratoire, combien de temps encore s'eſt écoulé, avant que les tribunaux de province ſe ſoient reſſentis des progrès de l'éloquence? Ayons la bonne foi de convenir qu'avant même de prétendre à l'imitation des beautés de l'élocution, il faut ſavoir corriger dans le langage une foule de défauts attachés aux différens idiômes des provinces, que la plus ſcrupuleuſe attention ne ſauve pas toujours à ceux qui les habitent. Une imagination brillante & féconde enfante des idées grandes & neuves, mais l'art de les exprimer, celui de les enchaîner avec adreſſe dans un plan ſagement tracé, l'exactitude & la pureté de l'accent, la grace & l'intérêt du débit, tous ces acceſſoires importans qui ajoutent un ſi grand prix au mérite principal, celui de l'invention, ne s'acquierent ſûrement qu'au milieu d'un public dont l'oreille délicate & ſévere ne pardonne rien.

C'eſt dans la capitale que l'émulation, excitée par la concurrence, développe le talent; l'appareil impoſant de l'audience, les grands intérêts qu'on y diſcute, les noms fameux des cliens, la renommée des défenſeurs, les auditeurs nombreux & toujours éclairés, la vénération qu'inſpirent l'âge, l'expérience & le perſonnel des magiſtrats, tout, juſqu'au jour ſombre du ſanctuaire, vous ſaiſit d'un ſaint effroi, & concourt à élever l'ame, à agrandir la penſée, à anoblir l'expreſſion.

Combien ce ſpectacle auguſte dut faire une impreſſion profonde ſur l'ame jeune & paſſionnée de M. de Royer! Il trouvoit en action ſur un grand théatre ce qu'il avoit oſé concevoir dans l'ombre du cabinet de ſon pere, & dans les idées de gloire dont il s'enivroit d'avance, il chercha bientôt à ſe rapprocher des hommes célebres en tout genre, qu'il ſe propoſoit pour modeles & pour guides. Le deſir de s'inſtruire, l'envie de ſe faire connoître,

l'attrait

l'attrait irrésistible qui l'entraîna toute sa vie à rechercher les hommes dont les noms fameux, les places éminentes & les talens distingués ont droit à nos hommages, s'annoncerent à cette époque. Malgré sa jeunesse, & sans autre titre que son admiration, il vit non seulement les hommes célebres au barreau, mais encore ceux qui tenoient le premier rang dans les sciences, les lettres & la philosophie.

Les motifs qui l'animoient ajoutent au mérite de cette louable curiosité : l'amour de sa patrie, la conscience de ses moyens pour la servir & l'honorer, le desir d'y perpétuer un nom déja considéré lui faisoient sacrifier à l'étude une vie qu'à cet âge on donne plus volontiers toute entiere au plaisir. Bientôt il s'empressa de revenir parmi ses concitoyens, & de leur faire hommage du fruit de ses veilles & de ses connoissances.

Son premier acte public fut dans cette cérémonie antique & auguste, où tous les ordres de la ville, rassemblés dans le temple de la patrie, viennent y consacrer par leur présence l'inauguration de ses nouveaux magistrats : usage précieux &

honorable, qui, dans ſon inſtitution, donnoit à l'orateur le droit important d'entretenir ſes concitoyens de leurs plus grands intérêts, ceux de la choſe publique, mais qui malheureuſement & par une ſuite des changemens ſurvenus dans nos mœurs & dans notre régime politique, a dégénéré en un vain ſpectacle.

M. de Royer, inſpiré par cet amour que tout François a pour ſon roi, s'efforça de prouver dans ſa harangue l'excellence & la ſupériorité du gouvernement monarchique, comme le plus conforme à la nature. Sujet vaſte & important, dont le choix annonçoit déja l'impulſion de ſon génie, & dont l'exécution montre un talent exercé. L'Eſprit des Loix n'avoit point encore paru, & ſi depuis on a cru remarquer que M. de Royer avoit beaucoup médité cet ouvrage immortel, il eſt glorieux pour lui d'avoir prouvé qu'il ne devoit qu'à lui-même la profondeur des idées, la grandeur des vues, l'énergie & l'intérêt du ſtyle qui l'ont caractériſé.

Après les nombreux complimens que l'uſage a conſacrés à la ſuite de la harangue, M. de Royer, parlant à ſes concitoyens, la termine en leur diſant : « J'oſe me flatter » que l'âge qui n'a pas encore frappé mon » quatrieme luſtre, me méritera votre » indulgence, & que vous recevrez favo» rablement cet eſſai, comme les prémices » & le gage d'un organe qui ſe voue » tout entier au public ». Peu d'auteurs de vingt ans rempliſſent avec autant de fidélité que l'a fait M. de Royer, un engagement pris à cet âge.

M. Borde, déja célebre à cette époque & l'un de ces littérateurs diſtingués que les provinces oppoſent avec orgueil aux prétentions excluſives de la capitale, préſagea dès-lors les ſuccès qu'auroit M. de Royer, comme écrivain, comme orateur, comme publiciſte, titre nouveau que l'Eſprit des Loix a multiplié, mais que portoient alors les ſeuls Grotius, Puffendorf, Barbeyrac, ou leurs imitateurs.

Les premiers ſuccès d'un jeune homme enivrent aiſément ſa tête ; les éloges prodigués à ſes heureuſes diſpoſitions lui paroiſſent un hommage rendu à ſes talens. Le bonheur de cet âge eſt dans la confiance ; la louange eſt ſi ſéduiſante ; il eſt ſi doux de la croire méritée : la modeſtie du jeune orateur cede facilement à l'opinion avantageuſe dont il reçoit les témoignages; il ſe croit bientôt ſupérieur à la loi commune, qui donne au temps ſeul le droit de fixer la célébrité, & d'imprimer le ſceau de la véritable gloire aux efforts du génie. Son cœur eſt loin de ſoupçonner que la jalouſie des autres veut ſe faire, de ſon amour-propre, une arme pour attaquer ceux dont le mérite les bleſſe depuis long-temps, & que pour en effacer l'éclat, ils ſont toujours prêts à exagérer le mérite naiſſant aux dépens du mérite reconnu. Je ſuis las d'entendre répéter *le juſte Ariſtide*, diſoit un payſan d'Athenes; & comme l'a remarqué l'homme éloquent qui a donné de ſi beaux modeles & de ſi bons préceptes ſur les éloges (*), l'hiſtoire de ce payſan eſt preſque celle du genre humain.

L'objet de ces réflexions eſt d'apprendre aux jeunes gens qu'ils doivent apporter autant de courage à ſe défendre contre les ſéductions des premieres louanges, qu'ils auront à oppoſer de fermeté aux

(*) Eſſai ſur les Eloges, tom. 2, pag. 323.

outrages & aux injuſtices de la haine & de l'envie, dans la maturité de l'âge & du talent. Que de maux, hélas! ſe feroit épargné M. de Royer, s'il eût armé ſon ame contre ces deux écueils!

Mais je ne dois pas devancer l'inſtant où j'aurai à vous entretenir de ſes malheurs, & mon amitié ſe plaît à le contempler long-temps dans la ſeule époque de ſa vie peut-être, où le bonheur accompagna ſa gloire.

En effet, ſes rivaux, j'ai preſque dit ſes ennemis, n'étoient alors que ſes émules: chaque jour de nouveaux triomphes au barreau préparoient ſa grande réputation, & ſans autre inquiétude que celle d'une ame doucement tourmentée du beſoin de faire le bien & d'être aimée, ſon eſprit libre & tranquille ſe livroit tout entier aux lettres, à l'éloquence & à la philoſophie.

Bientôt il ſe diſtingua par une élocution noble & ſoutenue, un ton de dignité, de décence & d'intérêt, une chaleur toujours ſentie & jamais affectée, l'art précieux & nouveau de lier à la cauſe publique l'intérêt particulier qu'il défendoit : ſon éloquence enfin avoit une marche impoſante qui commandoit l'attention, entraînoit les ſuffrages, excitoit la ſurpriſe & l'admiration. Les applaudiſſemens donnés à l'orateur décidoient preſque toujours le triomphe du client.

Mais en rappellant ici les principaux traits qui caractériſerent le talent de M. de Royer dans la plaidoirie, j'ôterois à ſon éloge le prix que la vérité ſeule peut lui donner, ſi je taiſois le reproche qu'il mérita quelquefois : ſemblable à ces acteurs dont la taille s'aggrandit & prend des formes giganteſques ſur un théatre trop reſſerré, M. de Royer parut peut-être oublier quelquefois que l'orateur doit toujours meſurer ſes expreſſions à la grandeur de la ſcene qu'il occupe, à l'importance de la cauſe qu'il défend, au rang des perſonnes dont il eſt l'organe. L'habitude qu'il contracta de bonne heure de voir tout en grand, Démoſthenes, Ciceron & Cochin toujours préſens à ſa penſée, le portoient dans toutes les occaſions à s'élever à la hauteur de ſes modeles. Ce défaut, qui n'eſt au fond que l'excès d'une qualité rare, n'étoit auſſi frappant que par ſon contraſte avec la familiarité peu décente, la négligence trop ordinaire, la *dicacité* faſtidieuſe qu'évitent difficilement les avocats qui n'attachent pas aſſez de prix à l'art oratoire, & qui ſont plus jaloux d'étaler une ſtérile abondance, que de montrer un goût épuré.

Si dans ſes plaidoyers, M. de Royer, quelquefois manquoit le but en le paſſant, ſes traits exagérés dûrent trouver leur excuſe, dans l'élévation des idées, & la grandeur d'ame, appanage du véritable orateur. Son ſtyle, ſa diction, ſon extérieur même avoient ce caractere de grandeur, & la négligence qu'on eut à lui reprocher dans la conduite de ſes propres affaires, ne s'étendit jamais à la compoſition de ſes plaidoyers. Loin d'affecter une facilité qu'un très-long exercice ne donne pas toujours, il étoit convaincu qu'on ne peut acquérir une heureuſe fécondité, qu'en cherchant, la plume à la main, la correction du ſtyle, le choix des expreſſions, le charme de l'intérêt & même la chaleur des grands mouvemens.

Dans une de ces cauſes (*), qui, pour

(*) Procès ſur la demande en ſéparation de corps de la dame Bouvet, contre ſon mari.

l'intérêt des mœurs & de l'ordre public, ne devroient jamais être soumises qu'à la décision d'un tribunal de famille, comme les Romains nos premiers législateurs l'avoient sagement établi, la tradition nous a transmis les vives émotions que l'éloquence & la sensibilité de M. de Royer firent éprouver à la foule immense accourue pour l'entendre.

Avide de connoître les détails scandaleux des querelles intérieures, malheureusement trop ordinaires entre les époux que l'amour n'a pas unis, le public vient en recueillir tous les traits, & porter ses regards cyniques sur les tristes secrets de la couche nuptiale. Trop souvent l'orateur entraîné par le malheureux abus de l'esprit, sacrifie à la curiosité maligne de ses auditeurs cette gravité noble & décente que lui impose la dignité de son état, & ce respect dont il ne doit jamais s'écarter dans le temple de la justice.

Chargé des intérêts d'une femme que ses malheurs & sa beauté rendoient si touchante, M. de Royer ne chercha son éloquence que dans son ame; il n'employa pour la défendre que le ton du sentiment, l'arme noble & puiſſante du pathétique : il émut tous les cœurs, & donna ce ſpectacle rare & ſublime, que ne préſente jamais la ſeule éloquence de l'eſprit : de graves & ſages magiſtrats, mêlant leurs larmes à celles de l'orateur & du public, l'audience interrompue par l'attendriſſement général & par les témoignages éclatans de l'enthouſiaſme & de la ſenſibilité.

Ses ſuccès ne furent pas moins brillans dans ce tribunal, monument fameux de la bienfaiſance & de la ſageſſe de nos rois en faveur du commerce de cette ville. Il ne ſe borna point à connoître la juriſprudence de la *Conſervation* : il ne ſe renferma point dans le cercle étroit des ordonnances qui reglent la forme d'y procéder : mais conſidérant le commerce en grand, il en avoit étudié l'hiſtoire, approfondi les principes en homme d'état, & perſonne n'en eût mieux profeſſé la théorie. Auſſi la création d'une chaire de commerce étoit-elle un des projets utiles, dont il deſiroit le plus ardemment l'exécution, & que ſon imagination ſe plaiſoit à voir réaliſer dans l'avenir. Ses rêves, comme ceux de l'abbé de Saint-Pierre, étoient toujours ceux d'un honnête homme & d'un bon citoyen.

Convaincu que la bonne foi, la candeur & la plus ſcrupuleuſe exactitude étoient l'ame des opérations du commerce, ſon éloquence tonnoit contre les vices du débiteur infidele, ou du créancier avide; quelle que fût la bonté de ſon cœur & l'indulgence de ſon caractere, l'honneur & les intérêts du commerce l'emportoient dans ſon ame, ſur la pitié que lui inſpiroit le coupable; ſouvent dans ſon indignation, il croyoit n'eſquiſſer qu'un tableau général, mais le public y voyoit un portrait, & nommoit l'homme que ſon talent plein d'énergie & de vérité venoit de démaſquer.

Sa probité reconnue & ſon nom ſeul étoient devenus, dans l'opinion publique, un préjugé de la juſtice de ſes cauſes. Ses mémoires étoient lus avec un empreſſement égal à celui qu'on avoit à l'entendre; ils ſont encore recherchés de l'homme de goût, du juriſconſulte & de l'adminiſtrateur (*).

(*) C'eſt un malheur attaché au travail des Avocats, de ne pouvoir pas toujours, comme les autres écrivains, perpétuer par l'impreſſion le ſouvenir de leurs ſuccès, parce

Dans plusieurs de ces mémoires, en effet, publiés au nom de la chambre du commerce & du corps des fabricans, il développa les avantages de nos manufactures locales, source de la splendeur de cette ville, de maniere à leur mériter du gouvernement une nouvelle protection; mais bientôt il prédit l'inaction dans laquelle ces manufactures sont tombées depuis, elles qui ne connoissoient alors ni repos ni rivales.

Son esprit se délassoit de la sécheresse & de l'aridité des procès ordinaires, en écrivant, sous les auspices de la liberté, sur les affaires publiques. Ce fut à cette époque, où le commerce alarmé d'une morale trop austere, craignoit de la voir propager, que M. de Royer publia sa lettre

---

que non seulement il est dans l'orateur des talens qui meurent avec lui, mais encore parce que le plus souvent les cliens eux-mêmes sont intéressés à faire oublier les circonstances & les époques de sa gloire. L'avocat qui n'est célebre au barreau que par son éloquence *parlée*, comme Roscius & le Kain sur la scene, ne passe à la postérité, que sur la foi de ses contemporains. Ce qui nous reste même des ouvrages du fameux Cochin justifieroit-il pleinement sa haute réputation dans la plaidoirie, si la tradition ne nous eût transmis les grands effets de son éloquence?

ſur le prêt à intérêt : ouvrage important qui fait époque, & qui, par la ſageſſe des principes, la marche des preuves, l'érudition profonde, l'agrément & l'énergie du ſtyle, eſt bien digne de l'adoption honorable que Voltaire en a faite, en l'inſérant dans ſes œuvres. Je puis atteſter que ce grand homme parloit ſouvent, & toujours avec éloge, de la lettre & de l'auteur.

Enfin M. de Royer ſe montra toujours au barreau tel que l'orateur, dont le premier de tous, Ciceron, donne une idée ſi noble & ſi intéreſſante : un homme de bien qui joint à la pureté des ſentimens la vertu des actions & le grand art de bien dire.

Oh, patrie, que ta voix eſt puiſſante ! combien ton amour eſt impérieux ! que de victimes immolées à ton ſervice ! par quelle illuſion fatale M. de Royer penſa-t-il qu'il ſervoit moins ſes concitoyens & l'humanité, en continuant de n'être que le défenſeur, le conſeil & l'ami de ſes nombreux cliens ? Il jouiſſoit ſans amertume alors de la conſidération publique, de l'eſtime, de l'amitié des magiſtrats & de ſes confreres. Son pere avoit reçu la récompenſe honorable due à ſes ſervices (*) ; la paix, la gloire & la fortune avoient fait du cabinet de M. de Royer, le temple du bonheur ; l'amitié vouloit l'y retenir : mais le cri de la patrie, l'en arracha pour le placer dans l'adminiſtration des pauvres, & ſa bienfaiſance fit taire ſa raiſon.

Il doit m'être permis de pleurer ſur cette premiere erreur, puiſqu'elle le précipita dans l'abyme dont tous ſes efforts ne purent jamais le tirer, & où nous l'avons vu ſuccomber & périr.

Dès ce moment, les affaires publiques eurent tout ſon temps, & né avec le génie de l'adminiſtration, ſon goût abſorba toute autre idée. Il avoit déja publié des lettres ſur la municipalité. Le ſtyle en eſt pur & animé : les vues en ſont grandes, & la plupart en ſont bonnes : l'ouvrage fit alors une très-forte ſenſation. Il eſt malheureux pour la réputation de l'auteur que l'intérêt purement local qui en eſt l'objet

(*) Il fut Echevin en 1752 ; & l'on ſait que la nobleſſe tranſmiſſible eſt accordée à l'échevinage de Lyon.

ait empêché que ces lettres ne fussent connues hors de l'enceinte de nos murs ; heureux si M. de Royer eût toujours pensé, comme il le disoit alors, qu'un livre bien fait sur une matiere importante est souvent d'une utilité plus grande & plus réelle que celle de la loi la plus sage dont rien n'assure l'exécution, & de l'établissement le mieux combiné dont rien ne garantit la durée, vu l'instabilité qui tient à nos mœurs & à notre caractere. Heureux, s'il eût toujours voulu ressembler au portrait qu'il y faisoit de lui-même ! « Tranquille au milieu des miens, » sans ambition, sans besoin & sans repro- » che, je plains ceux qui sont au gouver- » nail ; je fais des vœux pendant l'orage, » & je me tiens sur moi, comme dit Mon- » tagne. » Mais la philosophie a ses inconséquences, & si . . . . . Je m'arrête ! les mânes de mon ami s'offensent de mes regrets ; je crois l'entendre lui même me reprocher ma foiblesse, s'honorer des sacrifices qu'il fit à son patriotisme, se féliciter du prix qu'il en reçut de son cœur, & s'adressant aux hommes, que ses malheurs & mes réflexions décourageroient, leur dire avec l'enthousiasme de la vertu : » Si votre ame conçoit de grands desseins, » si elle est capable d'efforts généreux & » sublimes, si vous la sentez supérieure » à votre état, jeune encore, suivez » l'impulsion de la nature, entrez dans » l'administration publique, car, après » les dieux, la patrie mérite notre pre- » mier amour ».

C'est à cette noble impulsion, sans doute, qu'il faut attribuer le courage que montra M. de Royer, dans la circonstance orageuse & terrible où se trouvoient les hôpitaux, lors de son entrée dans l'administration de celui de la Charité. Les secours indispensables qu'il fut obligé de solliciter auprès des ministres, & dont la demande fut autorisée par l'assemblée des notables, remirent à flot ce grand vaisseau prêt à être submergé. Le discours qu'il prononça dans cette assemblée entraîna tous les suffrages ; son éloquence y prit un autre caractere qu'au barreau : l'administrateur a une carriere plus vaste & plus brillante ; les intérêts qu'il discute sont liés à ceux de ses juges ; il n'a point à redouter leur indifférence ; il a le droit de les émouvoir ; le nombre des loix, les préjugés & le poids de la juriſprudence ne viennent pas refroidir ſes moyens : la juſtice, la vérité, la bienfaiſance & ſon cœur, voilà ſon code.

Je me hâte de rappeller les ſages réformes, auxquelles, ſans doute, il ne fit que concourir, mais qui toutes datent des quatre années de ſon adminiſtration.

La plus ſalutaire & la plus importante au bien de l'humanité fut celle qui changea le ſort des enfans accumulés dans cet hoſpice, qui les reçoit au berceau, & ſert d'aſyle à leur vieilleſſe. Il fut arrêté qu'à l'avenir ils ſeroient tous renvoyés à la campagne : la ſalubrité de l'air qu'ils y reſpirent, leur conſerve la vie. Les travaux de l'agriculture leur donnent la vigueur & la ſanté ; leur exiſtence devient plus précieuſe à l'état, & leur entretien coûte moins à l'adminiſtration. Ses collegues le nommerent pour rédiger de nouveaux réglemens, & ſon plan d'économie & de régime intérieur fut exécuté ſous la ſanction du miniſtere.

Il fit à la même époque un travail très-considérable sur les moyens de détruire la mendicité, en assurant des secours aux vrais pauvres ; il engagea même son bureau à proposer un prix sur ce sujet, & plusieurs de ses idées furent adoptées alors par le gouvernement. Il développa les raisons qui devoient faire autoriser l'hôpital de la Charité à vendre une partie de ses immeubles, & nous avons vu quatorze ans après le souverain, sur les mêmes principes, en faire une loi générale.

Je n'examine point ici ses effets salutaires ou dangereux : si l'exécution doit en être absolument rejetée, ou simplement suspendue : la prudence & le respect m'imposent également silence sur cet objet ; mais j'ai dû le rappeller, comme un hommage honorable & merité, à la mémoire d'un citoyen, dont les vues présentées dans une administration particuliere ont été depuis consacrées dans l'administration générale du royame.

Si les collegues de M. de Royer trouvoient dans son génie & ses connoissances des secours puissans, pour faire valoir les intérêts des pauvres confiés à leurs soins paternels, ils admiroient & chérissoient encore dans lui la candeur, la bonhommie & la loyauté de son caractere, une simplicité de mœurs qui étonnoit & plaisoit d'autant plus qu'elle contrastoit entiérement avec son maintien, son physique, sa maniere d'être dans le monde & l'égoïsme de ses expressions, le seul qu'on eût à lui reprocher, mais celui que l'amour propre des autres pardonne le moins. Il contribuoit plus que personne à entretenir dans la société intime de ses confreres l'esprit de famille, le seul qui convienne à une administration dont le principe est l'égalité, l'amitié, le lien, & le but, la bienfaisance.

Le cabinet de M. de Royer longtemps fermé au public, ses voyages fréquens, de longs séjours dans la capitale, ses rapports nécessaires alors avec différens ministres, ses liaisons avec plusieurs chefs de la grande administration, ses relations particulieres avec le magistrat éclairé (*), dont la postérité perpétuera le nom dans l'éloge de cette police

(*) M. de Sartines.

qui fait l'admiration de l'Europe & la sûreté de Paris, l'habitude & le charme de traiter de grands intérêts, sa répugnance à reprendre au barreau la discussion des affaires particulieres, l'abandon total des siennes propres pendant plusieurs années, toutes ces raisons réunies lui firent desirer d'entrer dans une nouvelle carriere. Il eut la foiblesse d'ambitionner la place de lieutenant de police dans cette ville, & il eut le malheur de l'obtenir.

Son honnêteté, ses talens & son activité inspiroient la plus grande confiance, & bientôt, en effet, les citoyens sûrent qu'il existoit une police.

On a demandé si, dans cette ville, elle étoit bien susceptible de l'importance qu'on vouloit lui donner, & si son établissement sur les principes de celle de Paris ne seroit pas une sorte de luxe plus honorable au magistrat qui l'exerceroit, qu'utile aux citoyens qui paroissoient en être l'objet, mais qui n'en seroient que le prétexte: cependant la population de la ville, son commerce, sa situation qui la rend le centre des provinces du nord au midi de la France, ses rapports intimes avec la capitale, les facilités que ſon étendue & ſa poſition locale préſentent à cette foule de gens ſuſpects ou coupables qui de la métropole refluent dans les provinces, tout démontre la néceſſité d'une police qui ſeconde à cet égard celle de Paris, & qui prévienne dans l'enceinte de nos murs tous les dangers de l'inſalubrité, des mauvaiſes mœurs, de la miſere & de l'oiſiveté, ſource de tant de crimes.

Entraîné par ſon zele, encouragé par les éloges de ſes concitoyens, recevant des miniſtres même les témoignages les plus honorables de leur ſatisfaction, calculant ſes moyens ſur les ſecours qu'on lui fit eſpérer, M. de Royer établit des bureaux, leur donna des chefs, ouvrit des correſpondances au dehors, multiplia les ſous-ordres, eut des agens ſecrets, voulut tout ſurveiller, ſe montrer par-tout, être préſent à tout, le perſuader au moins: bien convaincu que cette idée ſuffit ſeule pour aſſurer la tranquilité publique. Après avoir étudié les détails immenſes de ſon adminiſtration, il s'occupa des réformes ſalutaires qu'il crut dépendre de ſon autorité; il en paſſa peut-être quelquefois les limites, mais ses motifs étoient trop purs, & son caractere trop liant, trop ami de la paix, pour qu'on puisse lui en faire un reproche, d'autant mieux qu'il n'hésita jamais de se rendre aux observations qu'il suffisoit de lui en faire. Il savoit que l'activité de la police doit éclairer & assurer la marche plus lente, mais plus rédoutée de la justice dont vous êtes, Messieurs, les vrais ministres. Il savoit aussi que c'est principalement à la vigilence de l'une, à prévenir les crimes que l'autre doit punir, & que l'œil du magistrat de police, en éclairant la société sur les dangers qui la menacent, arrête souvent la main du coupable, & détourne de sa tête le glaive des loix suspendu sur elle.

Les nouveaux réglemens qu'il donna contiennent tous les motifs qui les lui dicterent. Il avoit sans cesse présent à sa pensée ce grand préeepte de Charlemagne, qu'il faut instruire le peuple & ne pas le redouter. « Pour persuader, disoit-il, il » faut motiver, raisonner, prouver qu'on » est juste, qu'on ne veut que le bien » public; sur-tout, en parlant peu des

» riches & des puiſſans, qu'on s'intéreſſe
» à ce *peuple*, qui pour le nombre, la
» force & le mal être, mérite bien en
» effet qu'on s'occupe de lui. » Auſſi étoit-il vraiment adoré de cette claſſe de citoyens, qui, plus exempte de préjugés que toute autre, n'accorde ſon reſpect, ſa confiance & ſon amour qu'au magiſtrat qui les mérite.

Si, ſuivant la penſée de Seneque, on ſe borne à ordonner & à menacer, on peut manquer ſon but, aigrir les eſprits, compromettre l'autorité, & vérifier ce qu'éprouvoit le chancelier d'Agueſſeau lui-même.

« Je ſens en moi, dit-il, & tous les
» hommes m'aſſurent qu'ils ſentent auſſi en
» eux je ne ſais quel eſprit de révolte &
» d'indépendance qui cherche toujours la
» raiſon du commandement & du précepte,
» qui veut toujours interroger le légiſlateur
» & juger la loi même. »

C'étoit ainſi que M. de Royer répondoit aux critiques de ces égoïſtes ignorans & frivoles, qui ne veulent jamais être qu'amuſés, & qui, verſant à pleines mains le ridicule ſur tout ce qui tient à la raiſon, à la philoſophie & à la ſenſibilité, ſourioient dédaigneuſement, & ſe livroient à de froides plaiſanteries ſur la longueur, les détails & le ſtyle de ſes ordonnances. Son code volumineux préſentera toujours à ſes ſucceſſeurs de bonnes vues, un excellent eſprit, un grand amour du bien public, un tendre intérêt au ſort des malheureux, le deſir le plus vif d'être utile, & des regrets touchans ſur les obſtacles qu'il éprouva. Le bien qu'il a fait, celui qu'il voulut faire ſont également connus; mais puis-je, en rappellant les traits qui honorent ſa mémoire, me taire ſur les principaux établiſſemens qu'il forma, qu'il créa, ou qu'il imita.

Il parvint par quelques légers encouragemens à diſcipliner cette claſſe de malheureux qui la nuit dans nos rues, nous offrant la clarté, couvroient ſous cet appas les délits de tout genre, dont pluſieurs d'entr'eux avoient été convaincus & punis du dernier ſupplice. M. de Royer les fit concourir au maintien de l'ordre par l'eſpece de caractere qu'il leur donna, & le prix décerné au plus vigilant prévint pluſieurs fois l'incendie, le meurtre ou le vol. C'eſt le lapidaire qui taille & polit le diamant avec ſa propre pouſſiere.

Tous les établiſſemens formés dans la capitale en faveur de l'humanité, & qu'il croyoit poſſible de tranſporter dans cette ville, étoient ſaiſis avec avidité, & propoſés à l'adminiſtration municipale : elle agréa dans le cours des deux années de ſon échevinage (*) celui du dépôt des ſecours pour les noyés, d'autant plus eſſentiel à cette ville que les deux fleuves qui la traverſent rendent ces malheurs plus fréquens.

L'ordonnance qu'il rendit pour déterminer les précautions à prendre contre les incendies, leurs ravages & leurs ſuites eſt un chef-d'œuvre de prévoyance, de ſageſſe & de ſagacité. Ses diſpoſitions ont été adoptées par-tout où ce réglement eſt connu : j'aime à croire que ſon exécution aura lieu quelque jour dans cette ville.

Nous l'avons vu dans ces triſtes événemens, non ſeulement encourager par ſa préſence & ſes éloges les ouvriers, les

(*) En 1773 & 1774.

travailleurs, les citoyens, mais lui-même les ſeconder & les diriger : nous l'avons vu nommément dans une maiſon immenſe, remplie d'artiſans menacés d'un embraſement général, frémir de la lenteur des ſecours : il apperçoit de l'indifférence, de la tiédeur, de la mauvaiſe volonté même dans ceux que leur profeſſion, leur courage & leur expérience rendent ſi néceſſaires ; il s'élance au plus fort du péril, il les nomme, les appelle à grands cris, leur promet des récompenſes, vuide ſa bourſe, étouffe leur reſſentiment, réveille leur ardeur, & brave avec eux pendant pluſieurs heures, les dangers du feu, de l'eau & des efforts exceſſifs de ſon zele infatigable.

L'analogie de ſes principes avec ceux de M. Turgot, miniſtre dont le nom rappelle toujours à la penſée l'union ſacrée du génie & de la vertu, lui fit propoſer une innovation qui, d'après les préjugés anciens, tenoit de l'audace ; un arrêt du conſeil couvrit ſon opinion particuliere du voile de l'autorité, & la concurrence établie par la liberté générale accordée aux boulangers forains détruiſit à jamais tout monopole dans la vente du premier aliment de notre peuple.

Je respecte trop le public & la mémoire de M. de Royer, pour le louer sur son courage & son désintéressement dans cette occasion : mille louis offerts pouvoient-ils balancer un instant dans son ame le cri de l'honneur & celui du bien public ? Je ne le louerai pas non plus d'avoir fermé l'oreille à l'offre qui lui fut faite avec impudence d'une somme de vingt mille écus, pour obtenir de lui la permission de vendre vingt mille ânées (*) de bleds avariés, qu'il avoit fait saisir.

L'histoire cependant nous a transmis avec soin ce trait du fameux Thomas Morus, qui renvoya des flacons d'or qui lui étoient offerts, après les avoir fait remplir de ses vins les plus précieux, & celui du maréchal de Turenne refusant les cent mille écus que venoit lui présenter la ville de Strasbourg. Dans le chancelier, on ne doit applaudir sans doute qu'à la délicatesse ingénieuse qu'il employa pour

(*) C'est le nom de la mesure employée à Lyon ; elle pese 360 livres.

repousser l'injure qui lui étoit faite ; dans le héros, la franchise & la bonne foi de l'aveu qu'il fit aux députés, que ses ordres ne portoient point que l'armée traversât Strasbourg : mais dans la position malheureuse & bien connue où se trouvoit la fortune de M. de Royer, si l'offense étoit plus grave, le refus de sa part étoit bien plus généreux que dans Morus & dans Turenne.

Son ame profondément sensible étoit déchirée par le spectacle continuel & désespérant d'enfans infirmes, estropiés, pâles & souffrans, que leurs meres éplorées apportoient tous les jours à ses pieds, en criant justice contre les nourrices coupables. Elles l'obtenoient sans doute, mais le désordre n'étoit pas réparé : il frémissoit d'horreur en calculant le nombre des enfans qui meurent victimes de la misere de nos artisans, & de l'avidité de ces mercenaires atroces qui souvent sans mari, sans fortune & sans mœurs, font de l'allaitement un horrible trafic (*). Ne trouvant point

(*) Il faut lire dans l'excellent Mémoire de M. de Royer, publié en 1778, le détail effrayant & vrai des maux qu'entraîne l'abandon des enfans entre les mains des nourrices

dans ſon autorité de reſſources aſſez puiſſantes pour arrêter cet infame commerce, & prévenir des pertes auſſi funeſtes à l'état & à l'humanité, M. de Royer chercha des moyens dans ſon éloquence : il écrivit ce mémoire, dont la lecture publique fit verſer tant de larmes, & dont les tableaux touchans & les vues utiles réveillerent l'attention du gouvernement.

Il ſeroit ſans doute à deſirer, dit-il, que les femmes de notre peuple allaitaſſent leurs enfans. Mais comment les ramener à cette premiere loi de la nature, au milieu de la corruption des villes, avec l'embarras des manufactures, la cherté des loyers, le rétreciſſement & l'infection des domiciles du pauvre ? Comment une femme chargée de vêtir, d'approviſionner & de nourrir une famille déja nombreuſe, & travaillant elle-même pour ſubſiſter, pourra-t-elle encore allaiter ſon enfant ?.... Hé bien, ô mon ami ! ſi dans la tombe où tu repoſes, ma voix peut

mercenaires, & de ces meſſageres ou entremetteuſes, auxquelles le peuple de Lyon en particulier livre ſi légérement un dépôt auſſi précieux.

encore ſe faire entendre à ton cœur, écoute-la, tes vœux ſont accomplis. L'épouſe du pauvre ne craindra plus d'être mere; elle ne gémira plus de l'alternative cruelle, ou d'arracher de ſon ſein l'enfant qui lui ſourit, ou de trembler pour ſes jours, n'ayant à lui donner qu'un lait rare & corrompu par les horreurs de la miſere. Un nouveau monument de bienfaiſance s'éleve dans ta patrie. L'illuſtre prélat, dont tu admiras ſi ſouvent avec moi la ſage tolérance, les hautes vertus, les grands talens, la ſublime éloquence, vient en être le fondateur. C'eſt dans ſon palais, c'eſt ſous ſes yeux que ſe forme cette aſſociation inſpirée par la nature & l'humanité: c'eſt là que, rendant hommage à tes principes, à tes vues, à tes ſouhaits, & ſur l'allaitement, & ſur l'adminiſtration des femmes, on verra des meres tendres, de chaſtes épouſes, des citoyennes vertueuſes (*), poſer ſur ton buſte une

---

(*) Madame Terray, le jour même de ſon arrivée en cette ville, y a fait acte de citoyenne. N'écoutant que ſon zele, & avant de recevoir les hommages dus à ſon rang, elle s'eſt empreſſée de venir s'aſſeoir parmi ces dignes adminiſtratrices, & de concourir au ſuccès de notre inſtitut

double couronne, prendre place à côté du ſage adminiſtrateur, l'éclairer par leur expérience, & joindre au zele de tous les ſoins délicats de leur ſexe ſenſible.... Douce illuſion! je crois le voir encore, je lui parle.... & j'oublie que mes mains défaillantes l'ont enſeveli dans la tombe.

Si la conſtitution politique de cette ville ne donne aux fonctions du lieutenant de police ni l'étendue, ni l'importance de celles dont il jouit dans la capitale, il n'eſt pas moins dans l'opinion du peuple ſon magiſtrat particulier.

C'eſt ſous ce point de vue que j'ai à vous préſenter M. de Royer.

« Environné & accablé dans ſes au-
» diences, d'une foule de gens du menu
» peuple, pour la plus grande partie peu
» inſtruits même de ce qui les amenoit,
» vivement agités d'intérêts très-légers,
» & ſouvent très-mal entendus, accou-
» tumés à mettre à la place du diſcours
» un bruit inſenſé, il n'avoit ni la diſtrac-

en faveur des meres, titre ſi cher & ſi précieux à ſon cœur, titre dont elle acquitte avec tant de lumieres & de tendreſſe les obligations importantes.

» tion, ni le dédain qu'auroient pu s'at-
» tirer les personnes ou les matieres ; il
» se donnoit tout entier aux détails les
» plus vils, anoblis à ses yeux par leur
» liaison nécessaire avec le bien public ;
» il se conformoit aux façons de penser
» les plus basses & les plus grossieres ; il
» parloit à chacun sa langue, quel-
» qu'étrangere qu'elle lui fût ; il accom-
» modoit la raison à l'usage de ceux qui
» la connoissoient le moins ; il concilioit
» avec bonté des esprits farouches, n'em-
» ployoit la décision d'autorité qu'au dé-
» faut de la conciliation ; quelquefois il
» s'égayoit lui-même, autant que la ma-
» gistrature le permettoit, des fonctions
» souverainement ennuyeuses & désa-
» gréables, & il leur prêtoit de son
» propre fonds, dequoi le soutenir dans
» un si rude travail. »

En peignant ce portrait, dont M. d'Argenson est le modele, Fontenelle ne présumoit pas que soixante ans après, M. de Royer en fourniroit à Lyon une copie si ressemblante. En effet, ne la croiroit-on pas calquée sur l'original, ou plutôt, convenons que la nature n'a qu'un moule pour les grands hommes, comme elle n'a qu'un principe pour les arts, quelles que soient les différences apparentes qui les distinguent.

Une foule de traits propres à honorer sa mémoire échappent à la mienne ; mais tout ce que peuvent promettre l'activité, le zele, la patience, la sagacité, la bienfaisance, M. de Royer l'exécuta. Si le pere de famille venoit confier à sa sagesse ou les égaremens de son fils, ou les foiblesses de sa fille, ou les torts de sa femme, ou quelquefois ceux dont il s'étoit lui-même rendu coupable, le secret, l'indulgence, les conseils, les secours les rendoient tous au bonheur & à la vertu. Je ne crains pas d'avouer qu'il confioit souvent à mon amitié ce qu'il déroboit à mon ministere, & que ces sortes de confidences étoient, de son estime, les témoignages les plus chers à mon cœur.

Enfin, obligé de tout créer dans sa place, sacrifiant les débris de sa fortune au soutien des établissemens qu'il avoit formés pour le bien public, ne pouvant jamais écouter avec une pitié stérile, les aveux de l'indigent toujours abandonné à ſes propres forces, il les épuiſa bientôt, & après huit années de l'exercice le plus pénible, le plus déſintéreſſé, le plus glorieux,..... ſa commiſſion fut révoquée, & il fut deſtitué (*).

Le voilà donc rentré dans ce cabinet, d'où ſes amis troublés par un triſte preſſentiment l'avoient vu s'éloigner avec tant de regrets ! Il avoit conſervé l'eſtime générale : mais la confiance particuliere avoit été détournée. Il ſe voit ſeul, iſolé, dans un profond ſilence, lui qui la veille, entouré d'un peuple nombreux, bruyant, exerçoit une grande autorité, donnoit des ordres, calmoit des querelles, ramenoit la paix dans l'intérieur des familles, & toujours agité, veilloit ſur la tranquillité publique.

Ce paſſage rapide d'un mouvement continuel à un repos abſolu, d'une vie tourmentée à des journées oiſives, de fonctions eſſentielles à de froides occupations qui tuent le temps par leur ennui, laiſſe également dans l'ame d'un magiſtrat retiré, comme dans celle d'un miniſtre

(*) En 1780. Il avoit été nommé en 1772.

diſgracié, un vuide pénible & difficile à remplir. Il en eſt peu qui ſachent le ſupporter, & je ne chercherai point à diſſimuler que M. de Royer en fut long-temps accablé.... Mais ſon ardent amour pour le bien public, doit garantir ſes regrets du ſoupçon de lâcheté.

Enfin la raiſon reprit ſes premiers droits ſur ſon ame : il entendit la voix ſévere du vertueux L'Hôpital, lui dire : « Vous » croyez peut-être que, dépouillé des » orgueilleux faiſceaux & *pauvre*, on » ſe voit dédaigné des grands & des petits. » Oui, ſouvent dans un magiſtrat, c'eſt » la dignité ſeule qu'on révere; quand » cette dignité n'eſt plus, tous l'aban- » donnent : mais la véritable gloire eſt » plus durable, elle reſte après les hon- » neurs. Un ſage n'eſt jamais ſeul, ni » ſans cortege : & quand il feroit ſeul, » n'eſt-il pas là pour ſe parler à lui-même? » A-t-il donc un ſi grand beſoin de » compagnie & de paroles étrangeres? » Eh, qu'a-t-il à craindre? a-t-il jamais » inſpiré la crainte aux autres? a-t-il » offenſé perſonne? Il y a de plus une » ſorte de religion qu'inſpire un grand

» homme, tout exilé qu'il est; les cœurs » des méchans leur disent que c'est un » crime de le maltraiter. »

Ces paroles d'un grand homme opprimé rendirent à M. de Royer la vigueur du génie, la chaleur de l'ame & l'amour de la gloire. Dans son enthousiasme, il s'écrie : « J'imiterai ces jurisconsultes dont » les noms sont chers à l'humanité, à la » justice, à la philosophie : leur image » soutient, leur esprit anime, leur sort » même encourage. Tourmentés par le » spectacle des maux qui se font au nom » de la justice & par l'idée du bonheur » public qu'elle seule peut assurer, soli- » taires au sein des plus grandes villes, » enterrés dans les livres, négligeant leur » fortune, s'oubliant eux-mêmes, l'aurore » ne les devançoit point, & la nuit les » appelloit en vain au repos. Le travail » amenoit le travail. La patrie les mé- » connut, & leurs contemporains les » persécuterent; l'état les délaissa, & » l'espoir d'être utiles les soutint. Ils mou- » rurent sans jouir des fruits qu'ils avoient » semés, & laisserent plus de renom que » de fortune. Mais leur postérité est

» diſtinguée, & ils furent heureux: car on » l'eſt par le travail, & par le bonheur » des autres. »

Tel eſt le tableau de l'état de ſon ame à cette époque, & de la vie obſcure, triſte & pénible à laquelle il ſe dévoua tout entier.

Son premier projet avoit été d'écrire ſur les différentes branches de la légiſlation, de la juriſprudence & de l'économie politique, ſans s'impoſer une marche réguliere & ſuivie. Son cœur eût dirigé ſa plume ſelon les circonſtances & les objets qui l'auroient le plus affecté. Il étoit impatient de ſe voir compté parmi ces hardis réformateurs, que la philoſophie du ſiecle & le nom de Monteſquieu doivent garantir de tout outrage. Les flots de lumieres qui jailliſſent de toutes parts, les utiles & glorieux exemples donnés par pluſieurs ſouverains, l'abolition de cette torture dont le nom ſeul fait friſſonner, premier bienfait que nous devons à la ſenſibilité de notre jeune monarque, & l'heureux préſage des réformes ſalutaires que médite en ſecret ſa ſageſſe, l'eſprit général qui s'eſt emparé des adminiſtrations des tribunaux, des corps littéraires de l'Europe & même des deux Mondes, tout appelle ſous les drapeaux de cette ligue, vraiment celle du bien public contre la barbarie des ſiecles ignorans.

La propoſition qu'on lui fit alors de donner une nouvelle édition du Dictionnaire des Arrêts changea ſes premieres idées. Cet ouvrage lui préſentoit un cadre très-favorable par ſon étendue pour y développer les grandes vues qui l'animoient. Il connoiſſoit trop les hommes pris en maſſe, pour n'être pas certain qu'à l'ombre du nom peu redouté de Brillon, il pouvoit leur dire des vérités dont ils auroient pu s'offenſer ſous le ſien. Tant il eſt vrai que de tout temps, en tous lieux & ſur tous les objets, le ſuccès dépendit preſque toujours de l'heureux choix des formes & de l'obſervation des convenances.

La réunion de tous les droits, naturel, civil & politique, qu'il ramenoit dans cet ouvrage, l'autoriſoit à tout diſcuter, & ſans manquer aux ſentimens de reſpect & d'amour que tout honnête homme doit à ſon roi, à la religion & aux mœurs,

on sait avec quelle noble liberté il a, suivant son expression, abordé les plus grandes questions du droit public.

En énonçant avec fidélité le droit positif de la jurisprudence civile & criminelle, il a rempli le titre de son Ouvrage; mais en disant ce qui fut, ce qui est, il a cru pouvoir dire ce qui devroit être, & c'est là que les administrateurs, les vrais législateurs trouveront des matériaux bien classés, bien choisis, qui n'attendent que le génie & la main de l'architecte qui saura les mettre en œuvre.

Le mérite essentiel & les grandes beautés de cet Ouvrage vous sont trop connus, Messieurs, elles le sont trop du public, pour que je doive chercher à les détailler; mais la justice veut, & ma propre estime le commande, que je rappelle ici ce que M. de Royer a écrit lui-même, en publiant ce qu'il devoit aux vastes connoissances, à la profonde érudition, & aux savantes recherches de M. Riolz son confrere & son coopérateur. « Que n'a-t-il pas „ lu, & qu'ignore-t-il? (c'est M. de Royer „ qui parle); nous travaillons comme les „ peres le Sueur & Jacquier. Cet amalgame

„ fait par le zele & soutenu par l'amitié „ double nos forces, & nous assure les „ moyens de fondre toute la jurisprudence. „

Le cœur de M. Riolz ne sera point insensible à ce foible hommage rendu au nom d'un homme qu'il aima, dont il partagea les travaux, & prépara la gloire.

Si dans ce grand Ouvrage, M. de Royer a cherché à intéresser toutes les nations, en y ramenant l'histoire de leur gouvernement & de leur législation, en leur présentant de nouvelles vues sur les réformes dont l'un & l'autre lui paroissoient susceptibles, on peut dire qu'il en reçut le prix avant d'avoir achevé de le mériter, par les hommages empressés que les étrangers les plus illustres lui ont rendus dans les dernieres années de sa vie; ils sembloient tous, à l'envi, vouloir le venger de l'espece d'oubli dont il auroit pu se plaindre à sa patrie. Tous les états du Nord, l'Empire, la Russie, la Suede, la Pologne, la Prusse, l'Angleterre, la Hollande connoissent son nom & l'honorent. Souverains, princes, héros, hommes d'état, auteurs célebres, voyageurs diſtingués, tous l'ont recherché dans leur paſſage en cette ville: pluſieurs y ont prolongé leur ſéjour pour jouir plus long-temps du plaiſir qu'ils éprouvoient à l'entendre parler ſur les grands objets dont il s'occupoit, & ne ſe conſoloient, en le quittant, que par l'eſpoir de le retrouver dans ſes écrits. C'eſt un ſpectacle bien digne de l'obſervation d'un philoſophe, que celui de cette Germanie, dont les marais autrefois inonderent nos belles & ſavantes contrées du midi de mille eſſaims de barbares qui vinrent y porter la dévaſtation, l'ignorance, le carnage & la mort, & de la voir aujourd'hui, s'efforçant d'expier la férocité de ſes premiers habitans, devenir le foyer des lumieres philoſophiques!

Oh, ſage Henri! vous que la France vient d'accueillir avec tranſport, & à qui Lyon s'enorgueillit d'avoir rendu les premiers hommages! puis-je, ſans offenſer ma patrie & l'ombre de mon ami, vous confondre dans la foule des étrangers illuſtres qui l'honorerent de leur eſtime?

Si dès long-temps l'hiſtoire a gravé votre nom dans ſes faſtes immortels, c'eſt que, semblable à Turenne, vous vous êtes couvert de gloire à la tête des armées, en respectant la vie des hommes; c'est qu'on vous a vu pendant deux campagnes en Saxe, opposer à la prudence couronnée du maréchal Dawn, que l'Europe comparoit à Fabius, une conduite aussi éclairée, & un génie plus actif. C'est qu'avec peu de troupes, & souvent sans combattre, vous obtintes des triomphes pendant la guerre, comme au sein de la paix, avec peu d'or, vous avez l'art de faire beaucoup d'heureux.

Mais laissons la Prusse décerner à Henri les palmes de Bellone; offrons lui la couronne civique que les François lui dûrent à Leipsick: elle plaira bien plus à son ame généreuse & compatissante que des lauriers ensanglantés par la victoire.

Prince généreux & sensible, vos regrets, vos bienfaits suffiroient seuls pour justifier l'éloge que je viens consacrer à l'homme de bien que vous daignâtes distinguer; son mérite ne vous a point échappé; sa franchise a parlé votre cœur; vous l'avez connu, vous l'avez estimé: j'ose dire plus, vous l'avez aimé. Quand je cherche à rassembler tous les titres qui doivent honorer la mémoire de M. de Royer & sa postérité, que ne m'est-il permis, oh, Henri ! de faire connoître à mes concitoyens celui de tous qui pourroit le plus ajouter à sa gloire ; cette lettre aimable & affectueuse dont son œil mourant ne pût lire les caracteres, mais dont les expressions touchantes parurent un instant ranimer ses forces & le rendre à la vie.

Cette lettre sans doute, pour un homme ordinaire, n'étoit qu'un procédé : pour le héros qui l'écrivit, ce fut un engagement d'honneur. C'est à sa puissante recommandation que la famille de M. de Royer doit la continuation de la grace que sa majesté connoissant ses services avoit bien voulu lui accorder. La bienfaisance de cet illustre protecteur s'est plus particuliérement étendue sur l'un des enfans de M. de Royer ; il l'attache à sa personne, & daigne encore offrir ses bontés à l'un de ses freres. Oh, prince bienfaisant ! puisse votre générosité délicate & active encourager leur jeunesse, anoblir leurs idées, & faire revivre dans les fils les talens & les vertus du pere !

L'orgueil des grandes dignités se perpétue dans les monumens fastueux élevés à la puissance & à la fortune : des pyramides, des temples, des obélisques, de riches tombeaux, de précieux sarcophages ne présentent souvent à la postérité que des noms dédaignés par l'histoire, d'autres qu'elle n'a transmis qu'avec l'horreur des nations sacrifiées à leur célébrité, & bien peu de ceux dont le bonheur public a consacré la mémoire. Mais que d'efforts généreux les hommes eussent faits pour la gloire, si les honneurs funebres n'eussent jamais été que le prix des vertus, si la patrie seule eût conservé le droit précieux de les décerner, si de lâches empereurs n'eussent pas saisi l'instant de leur élévation pour ordonner leur apothéose, si depuis, le riche publicain n'eût pas, à leur imitation, cru voiler le mépris de ses contemporains sous le marbre qui couvre son cadavre; si l'homme de bien, si l'ami du peuple, celui de l'humanité qui meurt dans la pauvreté, obtenoit au moins une pierre, sur laquelle on pût graver les bonnes actions qu'il fit pendant sa vie, les ouvrages utiles qu'il publia, les vertus de ſon ame, & les dons de ſon génie !

Oh, vous, citoyens de tous les ordres, qui voulûtes honorer la mémoire de M. de Royer, par une diſtinction unique dans cette ville (*), vous qui, ſans attendre la voix du hérault, qui dans l'antiquité proclamoit les funérailles, vîntes en foule ſur la ſeule invitation de l'amitié entourer & accompagner ſon cercueil, le ſuivre dans un ſilence religieux, joindre aux chants funebres de nos miniſtres les ſoupirs de la douleur, offrir à l'éternel dans ſon temple les vœux ardens & les regrets de votre cœur, le dépoſer enfin dans ce vaſte domaine de la mort, où

(*) C'eſt un uſage aſſez conſtant dans la plupart des villes du royaume que les parens, les amis du défunt le ſuivent à ſa ſépulture, & cet uſage tient au reſpect de tous les ſiecles & de toutes les nations pour la cendre des morts : mais c'eſt à l'enterrement de M. de Royer qu'on a vu pour la premiere fois à Lyon, les premiers magiſtrats, les citoyens les plus diſtingués dans toutes les claſſes, des militaires décorés, des juriſconſultes, des négocians, des artiſtes former le cortege nombreux d'un convoi. Il ſeroit bien à deſirer que ce premier exemple, dont le peuple a paru ſi touché, devînt l'époque d'un nouvel honneur reſervé par la patrie à la mémoire des citoyens recommandables par de grands talens ou de grandes vertus.

tout vient s'engloutir & se confondre.... Osons y pénétrer encore, osons y rechercher sa cendre, osons la recueillir, & que l'urne modeste qui la contiendra apprenne aux nations étrangeres, que la patrie de M. de Royer s'honore également de sa naissance & de sa tombe.

MESSIEURS (*),

MALGRÉ le long intervalle qui s'est écoulé depuis la retraite de M. de Quinſon, le ſeul de mes prédéceſſeurs, témoin des malheureuſes révolutions de ce tribunal, la maniere éclatante dont il remplit ſon miniſtere important, les liens qui l'attachoient encore à cette compagnie & dont il s'honora toujours, les ſentimens particuliers qu'il lui conſervoit dans ſon cœur & dont il fit hommage à pluſieurs de nous, tout m'impoſe la triſte obligation de vous rappeller ſa mort & l'époque de ſes ſervices.

Né d'une famille diſtinguée du Dauphiné par ſa nobleſſe, ſes titres militaires & ſes alliances, s'élevant au deſſus de ce préjugé trop ordinaire qui ſou-

(*) Les mêmes motifs qui m'ont fait conſentir à l'impreſſion de l'Eloge de M. de Royer me déterminent également à faire imprimer ce que, dans la forme conſacrée aux diſcours de rentrée, j'ai adreſſé directement aux magiſtrats, aux avocats & aux procureurs, en leur rappellant la mort de M. de Quinſon l'un de mes prédéceſſeurs, & celle de M. Goy célebre avocat de cette ville.

vent fait préferer à l'utilité de nos paisibles fonctions, l'éclat des vertus guerrieres, M. de Quinson prit au parlement de Paris une de ces places qui semblent réservées à l'éducation de la haute magistrature. Il avoit en effet pour amis & pour confreres, parmi les substituts, les trois fils de M. Joly de Fleury alors procureur général, & M. Taboureau (qui depuis passa au conseil & devint ministre des finances). M. de Quinson, préferant le séjour de sa patrie aux places éminentes auxquelles il pouvoit prétendre dans la capitale, acquit dans cette ville (*) la charge de procureur général en la cour des Monnoies unie à celle de procureur du roi, & l'exerça jusqu'au moment où la privation totale de l'ouie le força d'abandonner un ministere dont la vigilance exige au moins l'usage de tous nos sens; mais sa surdité ne le rendit pas moins cher à la société, dont il fit si long-temps les délices par l'aménité, la grace, la gaieté de son esprit & l'inépuisable bonté de son heureux caractere.

(*) En 1741, & il obtint des lettres d'honoraire en 1754.

AVOCATS,

Si l'Ordre attache quelque prix à mes ſentimens particuliers ſur la nobleſſe, l'étendue & l'importance de vos fonctions, l'hommage bien ſincere que je me ſuis empreſſé de leur rendre dans tous les temps doit me raſſurer ſur l'opinion que j'ai pu vous en donner. Mais cet hommage n'acquitte pas toutes mes obligations. J'ai à m'honorer encore d'être en ce moment l'organe de la reconnoiſſance que doivent à l'un de vous, (Me Lemontey) le barreau, la famille & les amis de M. de Royer, pour avoir publié, ſur la mort d'un confrere auſſi diſtingué, une notice plus précieuſe encore par le ſentiment qui l'a dictée, que par la délicateſſe, la préciſion, l'élégance & la correction du ſtyle qui la caractériſent (*).

(*) *Lettre de M. Lemontey, avocat à Lyon, aux auteurs du journal de Paris, inſérée dans le journal du 7 novembre 1784.*

Lyon, le 21 octobre 1784.

MESSIEURS,

Votre ſilence ſur la mort d'un homme juſtement recommanble, me fait croire qu'on a négligé de vous en inſtruire. Permettez-moi de réparer cet oubli.

M.

Un devoir douloureux me rappelle aux regrets que le public a donnés à la mort

---

M. *Prost de Royer* des Académies de Lyon, des Arcades, de Bordeaux, &c. est mort en cette ville le 21 septembre dernier, laissant après lui des regrets qui dureront autant que sa mémoire. Fils d'un Avocat, il aggrandit & honora la carriere à laquelle sa naissance le destinoit. Successivement administrateur des hôpitaux, échevin, président du tribunal de commerce, lieutenant général de police, provincial des monnoies, il prouva qu'il convenoit à toutes les places, & qu'il possédoit l'avantage si rare d'unir l'esprit de détail au génie des grandes choses.

Il publia en 1763 une lettre sur le prêt à intérêt, matiere importante & qui avoit jusqu'alors été abandonnée aux Scholiastes ; une raison saine & vraie, des vues philosophiques caractérisent cet écrit, auquel Voltaire décerna l'immortalité en permettant de l'insérer dans la collection de ses œuvres, & qui a été la base de tous les ouvrages donnés depuis sur ce sujet.

Au milieu de ses nombreuses occupations, M. *de Royer* mit au jour un ouvrage sur la municipalité de Lyon, & un projet d'établissement d'un bureau de nourrices, qu'il eut la satisfaction de voir exécuté. Ce dernier écrit, tracé de la main d'un pere reçut le plus beau des suffrages. Dans une lecture que l'auteur en fit à l'académie, l'assemblée fondit en larmes.

Tourmenté du desir d'être utile, M. *de Royer* en trouva encore l'occasion. Le grand dictionnaire de *Brillon* devenoit rare & commençoit à vieillir, car les livres vieillissent aussi en Jurisprudence. M. *de Royer*, aidé de M. *Riolz*, son confrere, osa le régénérer ou plutôt le remplacer, & il continuoit cet immense travail avec un succès inespéré. Une érudition vaste & bien ordonnée, des vues grandes & bienfaisantes, un ton de décence & de fermeté qui ne se dément jamais, un style riche & animé, en font un ouvrage unique en jurisprudence & capable de la réconcilier avec ses détracteurs. Plusieurs articles sont des traités complets, dont un

de M. Goy, & qu'il lui devoit à tant de titres. Son nom, depuis un ſiecle, inſcrit ſur vos faſtes honoroit également ſa patrie & ce barreau; la juſteſſe & la ſûreté de ſon coup d'œil, l'eſprit d'analyſe qu'il portoit dans les affaires étoient dus à ſa longue expérience & à l'étude continuelle de nos loix pour leſquelles il avoit un reſpect ſans bornes. Son zele, ſes lumieres & ſon aſſiduité dans toutes les adminiſtrations de bienfaiſance de cette ville, l'y rendoient auſſi recommandable, par le ſacrifice de ſon temps & d'une partie de ſa fortune, que par les ſentimens

---

ſeul ſuffiroit à la réputation d'un écrivain. M. *de Royer* étoit au moment de livrer le cinquieme volume aux ſouſcripteurs, lorſqu'une maladie de peu de jours l'a enlevé dans la vigueur de l'âge. Une grande ville en fut conſternée; les uns regrettoient ſes talens. Tous pleuroient ſes vertus.

M. *de Royer* étoit en correſpondance avec pluſieurs ſavans étrangers, & en liaiſon d'amitié avec les premiers écrivains de la nation. C'étoit l'homme que la ville de Lyon préſentoit avec avantage aux illuſtres voyageurs qui l'ont viſitée depuis quelques années: l'Empereur, le comte du Nord, l'Archiduc, le roi de Suede, le maréchal Potoski. En dernier lieu, le comte d'Oels ne lui permit pas de le quitter pendant ſon ſéjour: un tel ſuffrage n'eſt pas équivoque. Le coup-d'œil d'un héros eſt celui de la poſtérité.

J'ai l'honneur d'être, &c.

Signé, LEMONTEY, Avocat.

de religion qui l'animoient, les ſeuls dont il fut orgueilleux.

L'amour des belles-lettres étoit l'unique diſtraction qu'il ſe permit & qui répandit quelques fleurs ſur les ronces du palais.

Occupé des devoirs de ſon état jusqu'au dernier moment de ſa vie (*), la nature ſemble avoir voulu lui en dérober les horreurs, par le coup de foudre qui vint l'enlever à ſa famille, à ſes amis, à ſes confreres, à ſes concitoyens, dont il fut, pendant ſoixante ans, l'honneur & le conſeil.

PROCUREURS,

DANS le Diſcours prononcé par M. de Royer à l'ouverture des audiences de la conſervation, qu'il préſidoit alors (**), il ſe félicita de l'attachement que le plus grand nombre & les plus eſtimables de votre communauté lui avoient toujours

(*) Le jour même de ſa mort, il donna une conſultation par écrit.

(**) En 1773.

témoignés. « J'ai conféré, disoit-il, pour » l'expédition des affaires avec ces offi- » ciers qui, représentant à nos yeux leurs » cliens, s'intéressent à leur sort par sen- » timent & par devoir. Je m'empresse de » rendre justice à leurs vues & à cet » esprit d'honnêteté qui, dans la commu- » nauté même, donneroit à celui qui » pourroit s'oublier, le juge le plus inte- » gre comme le plus sévere. »

Si tel fut son langage alors, où l'autorité dont il étoit revêtu lui donnoit les moyens de vous mieux apprécier, avec quelle satisfaction ne publieroit-il pas aujourd'hui que votre corps est le premier dans cette ville, qui, rendant hommage à ses talens comme à ses vertus, s'est empressé de concourir, par une souscription honorable, au succès de son grand ouvrage (*) ?

(*) La communauté des procureurs de cette ville a souscrit pour soixante exemplaires du dictionnaire de Jurisprudence & des Arrêts.

FIN.

NOTE

A ajouter à la page 17, ligne derniere.

M. de Royer fit la harangue connue à Lyon ſous le nom d'*oraiſon doctorale*, prononcée chaque année, à la fête de Saint-Thomas, dans une des ſalles de l'hôtel-de-ville ; & c'eſt à cette époque que les nouveaux prévôt des marchands & échevins y ſont proclamés.

FAUTES A CORRIGER.

Page 26, ligne 4, opérations du commerce, *liſez* opérations de commerce.

Page 29, ligne 12, dont tous ſes efforts, *liſez* d'où tous ſes efforts.

Page 37, ligne dern. en parlant peu, *liſez* & parlant peu.

Page 41, lig. 3 & 4, maiſon immenſe, remplie d'artiſans menacés, *liſez* maiſon immenſe remplie d'artiſans, menacée.

Page 57, ligne 5, prudence couronnée, *liſez* prudence conſommée.

Même page, ligne 12, vous avec l'art, *liſez* vous avez l'art.

www.ingramcontent.com/pod-product-compliance
Lightning Source LLC
LaVergne TN
LVHW010038230826
846091LV00005B/1759
* 9 7 8 2 0 1 2 8 5 9 3 0 2 *